ASPETTANDO L'ARCOBALENO

Antonella Cefis

Youcanprint *Self-Publishing*

Titolo | Aspettando l'arcobaleno
Autore | Antonella Cefis
ISBN | 978-88-91189-05-9

Youcanprint Self-Publishing
Via Roma, 73 - 73039 Tricase (LE) - Italy
www.youcanprint.it
info@youcanprint.it
Facebook: facebook.com/youcanprint.it
Twitter: twitter.com/youcanprintit

PEZZI DI RICORDI

Osservo con tristezza

Quelle fotografie

Piene di bei ricordi…

Di tempi passati..

Di momenti che non prevedevano

nessuna tempesta..

momenti fatti di sorrisi e battiti di cuore…

di emozioni e progetti…

ecco… ora son li'

tra le fotografie strappate

strappate da chi credevi parte di te

credevi in ogni parola ..

strappate in un attimo d'ira ferocia…

ecco…cio' che rimane da un sentimento…

da sentimenti di gioia a ira profonda…

da amore intenso a disprezzo..

dove hai costruito le speranze vere…

ora sono crollate tra quei pezzi di ricordi..

delusione, dolore ,lacrime…

hanno travolto il mio cuore!

Incredibile il tempo di sole…

Quando la tempesta distrugge tutto!

Ma la vita non finisce tra

 quei pezzi di fotografie…

ricostruirò la mia vita…

lavorerò' sodo…

per costruire dentro il cuore

la forza più grande della vita!

Accenderò intensamente

La fiamma dell' amore e brucerò

Ogni doloroso ricordo!

Inizierò a vivere di nuovo!

ANGELO SENZ'ALI

Le mie ali volavano leggere

Sulle nuvole dei sogni…

Oltre l' arcobaleno…

Immersa tra immensità del cielo…

Il cielo molto limpido

Il sole con i suoi raggi

Scaldava il mio cuore..

Saltellavo tra una nuvola all' altra…

Felice e sognante come in una favola…

Ed ecco… un fulmine colpisce il mio cuore

Di dolore…

Il vento forte strappa le mie ali…

A malapena le sostengo…

Mi piego …

Mi sento stanca e dolorante

No.. non voglio mollare le mie ali…

Voglio metterle di nuovo

E volare più di prima…

Volerò tra l'universo

Come una farfalla leggiadra…

Come un angelo che vola felice tra

Il giardino del paradiso!

DONNA….COME TE

Dal cielo un seme è sbocciato…

La donna…

Donna che da bimba sognasti..

Sognasti amore…

Crescendo…

 quel sogno s'è avverato

ma quanto dolore hai sopportato..

hai donato la vita…

e un pargoletto tenesti in braccio..

quel pargoletto cresciuto

ma sempre il tuo dono!

Donna che hai dentro

 il seme d' amore

doni senza chiederti

che avrai in dono…

amasti l' uomo..

quella creatura

che dovrebbe proteggerti

e invece spesso

ti ripaga con il male..

Donna.. la tua vita

 non è facile…

a volte piena di lacrime

lacrime di gioia

e lacrime di dolore…

eppure non smetti

 mai di donare amore

Donna sei il dono più

Perfetto d' amore

Che Dio ha creato!

...A MIO PADRE

A te caro papà
Che sei stato un ottimo
Esempio di forza e amore
Esempio esemplare per noi figli...
La tua vita sempre faticosa
e turbolenta...
dalla povertà alla guerra...
quando finalmente
pensavi che la vita stesse per sorriderti...
con l'incontro della tua amata...
hai me....!La tua amata
troppo presto è volata in cielo!
Povero papà mio!
Quante notti insonni...
Che passavi piangendo...
 T' assaliva la paura di non farcela!
Eppure ogni mattino...
T' alzavi con il sorriso...
Un sorriso rassicurante
Per donarlo a noi!
Iniziavi la tua giornata
Cercando la forza dell' amore
Che avevi per noi!
Facevi il possibile

Perché crescessimo

Onesti.. educati e rispettosi!

E quando raccontavi

Ogni percorso difficile della tua vita

Mai ci sia reso conto

quante sofferenze hai dovuto vivere!

Da bambino povero…

Con tanti sogni nel cuore

A soldato … costretto a difendere la patria..

Quanto dolore e sofferenze hai vissuto!

Per noi figli….

Erano solo racconti…

Non comprendevano…

Ora che sei in cielo

 con la tua amata… spesso mi chiedo…

quanto faresti ancora per noi…

quanta saggezza nel tuo amore!

Caro dolce papà ,

ogni volta che penso a te…

una lacrima scorre sul mio viso…

sento il dolore della tua mancanza

Una lacrima d' amore,

di nostalgia, e dal desiderio

d' averti ancora con me!

Mai dimenticherò

L' amore che ci hai donato,

porterò sempre nel mio cuore

la tua forza, la tua saggezza e

l' amore che hai donato!

Vorrei aver le ali di un angelo

Raggiungerti ogni volta

che mi manchi…

poterti dare un abbraccio

e dirti quanto ti voglio bene!

Grazie, mio amato papà!

Dal cielo t' arrivi questo mio

Messaggio d' amore!

Ti amo e vivi sempre

Dentro il mio cuore!

CUORE DI MAMMA

Cuore di mamma...

Mi coccolasti e m' amasti

Quando ancora ero

nel grembo tuo..

Dolce era il tuo abbraccio

T' intenerivi ad ogni mio pianto!

Notti insonni passati

Quando male stavo...

Mi cullavi e m' assicuravi..

Son cresciuta....

Quanto mi manchi!

Troppo presto in cielo

Sei volata !

Vorrei averti accanto...

Condividere con te

Ogni sorriso e ogni pianto!

Da lassù tu mi stai guardando

.. Guarda...tua figlia...

Lasciarsi adolescente...

Ora donna, mamma e nonna!

Cuore di mamma...

La mia mamma !

Il tuo cuore...

e l' amore che hai dato

E che mi doni ..

con il ricordo

Di te...so che sei sempre

accanto a me..

Come un angelo ..

Mai mi scorderò di te!

Ora quel dono che

Mi donasti...

Lo dono ai figli miei..!

Cuore di mamma..

Mi hai fatto un dono stupendo

...la vita!

Dal mio cuore al tuo cuore

T ' arrivi il mio abbraccio

D' amore ..

Voglio urlare all' universo ..

Il mio...ti amo

Mammina mia!

SCHIAVITU'

Mondo pieno di schiavitù '

Dove materialismo domina la vita di ogni giorno

Calpestando valori e sentimenti…

Schiacciando la povertà…

E agevolando la ricchezza

Siamo nati per essere liberi…

Non per esser schiavi d' altri…

Ne con la prepotenza..

Ne con la violenza!

Ogni essere

Dovrebbe essere libero

Di vivere secondo la nostra coscienza,

secondo il proprio cuore…

i nostri sogni…

i nostri sentimenti

senza esser schiavo

d' attrazioni negative….

Uomo….svegliati!

Staccati dalla schiavitù

Della violenza,

dei messaggio dei potenti…

sii libero di vivere con coscienza

libero di donare…

libero d' amare

e di sognare!

Il destino siamo noi

 che lo creiamo….

Allora….

 Cambiamo il mondo…

Facciamo diventare

Un pianeta pieno di bellezza!

Guardati intorno…

La schiavitù sta rendendo

schiavo ogni creazione naturale!

Fermati …spacca le catene

Di questi comportamenti

Che ti fanno dimenticare

Ogni bellezza vera!

Il mondo sarà più luminoso

Più pulito e ti renderai libero

dalle catene del consumismo!

OCCHI SILENZIOSI

Occhi profondi come l' abisso dell'oceano

Catturano il cuore mentre li guardi…

Pieni di parole non dette

Ma molte sono le parole da dire…

Occhi lucidi e stanchi

Che soffrono…che sopportano

Quei occhi toccano il cuore di chi osserva

Tocca l' anima appena percepisci il dolore…

Occhi intensi….

Sono gli occhi di angeli innocenti…

Che dovrebbero sorridere e gioire

Invece sono li a soffrire…

Occhi di bimbi

Senza gioia è stato preso

Il diritto all' amore

 e al calore e protezione!

Quei occhi mi feriscono il cuore

Vorrei essere il loro angelo

E portarli in un mondo

Pieno d' amore

Dove possono sorridere,

 sognare e crescere!

PASSI SILENZIOSI

Sento passi silenziosi

Li sento e non li vedo con gli occhi…

Li sento con il cuore

Quei passi far rumore

Eppure pochi

Possono sentire…

Sente solo chi ha

Il dono di fermarsi, e ascolta…

Li ascolto…essi sono

 pesanti come un enorme roccia

che schiaccia ogni cosa…

schiaccia il cuore di chi non vuol sentire

e rompe il silenzio di chi ascolta e ha da dire…

passi cosi' leggeri ..eppure

non son passi di ieri..

ma di oggi…del presente vivente

non posso starmene con gli orecchi chiusi…

ascolto…e il cuore mi batte forte…

l' anima si rattrista…

quei passi sono la sofferenza

le lacrime di chi tace ..e muore

piano piano muore di dolore

ecco… tendo la mano…

allungo le braccia…

voglio stringere al mio cuore

ogni creatura che passa silenziosa accanto me!

EROI DEI GIORNI NOSTRI

Eroi che ogni giorno salvano

Mentre il resto del mondo

Sta con il viso rivolto

In un altro posto…

Il posto dell' egoismo

E dell' indifferenza!

Gli eroi non guardano

,non parlano, non pensano…

Ma agiscono!

Salvano ogni giorno

Nel piccolo o nel grande…

Eppure rischiano se stessi

Per il prossimo!

Sono eroi del nostro tempo..

Pronti ad ogni intervento…

Che piova o ci sia vento…

Essi ci sono!

Nella vita non serve

essere qualcuno d' importante

per esser speciale…

serve l' azione

e tanto amore!

IL SENSO DELLA VITA

Pensieri scorrono dentro me,

mi chiedo il perché

di tanto orrore

di tanto rumore ..fa la violenza!

Eppure …il silenzio del bene

Nessuno…o pochi

Lo ascoltano…

Ecco…il senso delle vita..!

Se il temporale ci sorprende…

E ingrigisce la nostra giornata…

Passa…e un arcobaleno stupendo

Accompagna i raggi del sole!

Se i fulmini

Ci colpiscono in modo violento

Ecco… tutto passa e torna il sereno!

Se le onde del mare si agitano…

E sbattono in modo violento contro le rocce…

Ecco…si placa…

E torna la calma!

Ecco…la vita è questo…

Saper aspettare

Perché presto la calma torna a regnare!

Il senso della vita

È far uscire la forza

Che dentro di noi

È li che aspetta che la troviamo…

Ecco …la vita

 Va vissuta per diventare forti e saggi

Solo allora comprenderemo meglio

 il senso della vita!

GUARDA

Guarda dentro i miei occhi...

Scoprirai il mio cuore

Ascolta il mio cuore

Scoprirai la mia anima

Nell' anima mia..

Scoprirai le mie emozioni

E i miei sentimenti più

Intensi...

Egli amerà senza pentimenti!

Guarda ...

Osserva...

Ascolta...

Ascolta il vento

Dell' amore...

E ti farà volare con il cuore!

Dimentica l' odio e

Il rancore...!

Scoprirai quanto

È meraviglioso

Donare amore!

L'INCANTO DELLA VITA

Incantata sto…

Guardando e osservando

Una nuova vita

Che s' apre al mondo!

Un corpicino delicato

Dolce e tenero…

Tutto da amare e coccolare!

Lo stringo al cuore con emozione

Sento la morbidezza

Di quella piccola creatura

Eppure…sa attrarre e affascinare…

Il fascino della creazione!

L' incanto d' amore

Che toglie ogni dolore

Ma lascia spazio solo all' amore!

L'incanto della vita

Che ti meraviglia

E ti cambia la vita senza preavviso!

L'AMICIZIA

L' amica è sempre accanto a te!

Sta silenziosa, a volte quasi invadente…

Ma sempre presente!

Ti lascia sbagliare,

consigliare e volare…

non t'impone…

ti cerca…vuole

assicurarsi che tutto vada bene!

Quando ti senti sola…

Eccola…è li accanto a te!

Ti consola …

Se la tristezza t' assale…

E ti scendono le lacrime

Sa asciugare…

Quando perdi la forza di lottare

Egli t' incoraggia

E ti sprona a lottare e continuare…

I tuoi sogni

Vuol farti realizzare…

L' amica è

Un raggio che ti scalda il cuore

E ti rafforza d' amore!

L' ATTIMO SFUGGENTE

Cogli l' attimo..

non lasciarlo sfuggire

lascialo libero d' amare

e donare

lascia libero i tuoi pensieri..

i tuoi desideri..

.e tutte le emozioni del cuore

Gli attimi vanno vissuti...

sono i doni che ti offre la vita!

Vivendoli

un giorno li ricorderai

con un sorriso

e allora saprai

che la vita t' ha fatto un dono

tutti gli attimi più belli

che t' han aiutato a ricominciare!

CUORE GITANO

Gitano è il mio cuore

Sempre in cerca d' amore

L' amore tra le persone…

L' amore che guarisce il cuore

Quel cuore ..ferito..

Sgualcito…tormentato..

Irrequieto…

Vuol trovare pace e serenità

Cuore gitano

Che vuol prender per mano

Ogni volto

Che sorride, abbraccia…

Irrequieto è il mio cuore…

Vuole tanto un posto per restare

Trovare pace e amore

Oh…cuore mio..

Fermati!

Pazienta…

Un volto …guardo..

Un volto dove

imprigiona il mio cuore

la dolce prigione d' amore…

ecco….

Ora il mio cuore ha trovato

Il posto dove stare..

Ora smetterà di viaggiare

E di cercare!

LOTTA PER LA VITA

Lotta sempre per la vita

Lotta per il bene

Con pazienza e amore!

La difesa più forte

Sta nel lottare

Ogni giorno

Con il silenzio e la forza del cuore!

Lotta per chi ami…

Lotta per la giustizia…

Lotta per la libertà…

Lotta per i tuoi principi…

Non fare come fanno molti…

Che hanno armi d' egoismo e cattiveria…

Non vinceranno mai!

Se lotti con le armi sbagliate

Avrai già perso!

Lotta con amore..

L' amore è l' arma migliore

E sarai vincitore!

Lotta ogni giorno…

Ma sempre con amore…

L' amore rende vincitori!

GUARDA

Guarda dentro i miei occhi...

Scoprirai il mio cuore

Ascolta il mio cuore

Scoprirai la mia anima

Nell' anima mia..

Scoprirai le mie emozioni

E i miei sentimenti più

Intensi...

Egli amerà senza pentimenti!

Guarda ...

Osserva...

Ascolta...

Ascolta il vento

Dell' amore...

E ti farà volare con il cuore!

Dimentica l' odio e

Il rancore...!

Scoprirai quanto

È meraviglioso

Donare amore!

GIORNI...

Giorni che passano
Troppo in fretta...
I giorni di gioia...
Di tenerezza..
Di grande felicita!
Giorni che sembrano
Non finire mai...
I giorni della tristezza..
Della solitudine..
E del dolore !
Voglio trasformare
I giorni di tristezza..
In giorni di sorrisi e gioia..
I giorni di solitudine...
In giorni d' amicizia
In giorni d' amicizia
E allegria...
I giorni del dolore...
In magia d' amore!

PENSIERI

Sfiorano nella mia mente

Pensieri del passato

Pensieri del presente

Pensieri del futuro…

Pensieri di vita vissuta

Dove ho creduto in ciò

Che stavo vivendo…

Nei momenti peggiori…

Pensavo…passerà…

Nei momenti sereni

Tutto sembrava colorato…

Ma ..i pensieri che più

Turbano il mio cuore…

Sono i pensieri d' amore

Quei pensieri che

 hanno rattristato il mio cuore

pensieri di speranza

hanno attraversato il mio cuore

dove una danza poteva

farlo gioire!

Danzanti di sentimenti e amore

Fino a che…

ho incontrato un angelo…tu!

Tu che fai del mio cuore…

Tempesta…sole e arcobaleno…

Tu…perché ora miei pensieri

Sono solo per te!

Per te che amo più di me!

PASSATO

Il passato è andato

Il presente è qui'

E' andato il passato

Ciò che hai vissuto

E ciò che hai imparato

Mai puoi scordare

Lezioni ..dopo sbagli

Che t' hanno insegnato

E hai imparato

Porta dentro di te

I ricordi che t' hanno

Toccato il cuore

Il passato…

Ora vivi il presente

Aspettando il futuro

Vivi senza rimpianto

Il rimpianto fa solo male!

I ricordi

Ti fanno sorridere e emozionare!

UNA VALIGIA DI SOGNI

Una valigia porto con me

M è stata data in dono

Un dono datomi il giorno

Che arrivai in mezzo alle creature

Uscii dal grembo di mia madre

E nel mio cuore

Una valigia vuota

Che riempii poco per volta!

Bimba tra le nuvole

Presa tra castelli ,

principesse e lieti fine!

Ragazzina con i sogni

Diventare grande

Con l' amore sbocciare

Desideri e mostrare

Di esser unica nel creare

Donna che riempie di sogni

D' esser madre

Sogni creati e sogni da creare

Ora nella mia valigia

Posto ancor c è

Altri sogni depositerò

Mai sarà colma…

I sogni aiutano a vivere e sperare

Mi porterò con me

Nel viaggio della vita

Questa valigia speciale!

La voglio donare a chi sogni non ha..

A chi speranze ha perso...

Allora s' accorgeranno

Che nei sogni ci sono le nostre speranze!

ANGELI INTORNO

Cammino sul sentiero della vita

Inciampo… cado

Una mano invisibile

Mi alza e mi raccoglie

La tristezza avvolge il cuore

E la solitudine ci fa male

Morbide ali

M' avvolgono…m' abbracciano

Silenziose!

Angeli che donano protezione

Donano amore

Camminano accanto

Percorrono insieme

I giorni…le stagioni

Della vita!

Angelo mio

Anche se non ti cerco

Non lasciare mai

La mia mano dalla tua!

EMOZIONI

Emozioni

Nello sguardo di chi ama

Al tocco leggero di una carezza

In un abbraccio di dolcezza!

Emozioni d' amore

Due anime e un solo cuore

Nel silenzio parlano e amano…

Emozione d' appartenersi…

Donandosi e ricambiandosi

Il dolce tormento del sentimento!

Emozioni travolgenti

che non lasciano spazio ai ripensamenti!

Emozioni che caricano di energia

L' energia della vita!

Le sfumature dei sentimenti

Che donano alla vita

Le emozioni d' amore!

VITTIME

Il cielo s'oscura

Il sole si nasconde

Il mare impetuoso

Si rivolta osservando la violenza!

Nel cielo

Tuoni minacciosi

Urlano forte…

Ecco…la violenza

Dovrebbe scuotere

Ogni cuore…

Semina morte…

Distruzione…

E tanto dolore…

Il mare impetuoso

e il cielo turbolento di tuoni…

urlano straziati di dolore!

Il dolore di ogni vittima

Oppressa da tanta violenza!

Il mare vorrebbe trascinare via ogni malvagità

Il cielo colpire ogni malvagio

Vittime di macabri e feroci violenze!

Basta! …voglio urlare…

Basta…far del male!

Impariamo ad amare e a rispettare!

PASQUA

Un uomo è venuto al mondo
Venuto per cambiare il cuore
a… soffrire, morire
e dare vita ad ogni cuore spento!
Spento d' amore e di ogni compassione!
Guarda , il suo volto…
Pieno d' amore e sofferenza
Egli ci conduce alla vita
 della felicità e della salvezza!
Ci abbraccia… ci ama…
E il suo amore vince la morte
Per donarci vita nuova!
È Pasqua del Signore Gesù!
Hai vinto la morte per donarci vita !
Tu muori per donarci resurrezione
Nei nostri cuori !

AIRONI

Aironi volano nel cielo

Cercando lo spazio

Ammirando il mondo dall' alto...

Sono in cerca di spazi liberi...

Vorrei unirmi a loro...

Aprire le mie ali

Volare spensierata

Cercando di vivere beata...

Lassù dove mi perdo tra il cielo e terra

Tra viaggi e luoghi sconosciuti

Fissando lo sguardo sull' umanità

Che non sa più volare

Con pensieri e desideri...

Non sa più fantasticare

E hanno perso la voglia di volare!

NOTTI BIANCHE

Notti bianche

Passate ore

Osservando il cielo

Sperando che gli occhi si chiudessero…

Il cielo spesso luminoso

Molte stelle luccicano

E sembra mi parlino

Parlano al mio cuore

Sembra dicano…

"ecco…noi siamo qui'…

Accese e luccicanti…

Perché tu possa andare avanti!"

Spesso son notti tristi…

Fatti di pensieri e pianti

Ma…appena l' alba s' accende…

Ecco…i miei occhi

Cominciano a chiudersi…

Il mio pianto si placa…

E per me la notte è iniziata!

SENTIERI

Molti sentieri ho percorso

Sentieri in salita..

Altri in discesa..

Alcuni difficili…

Altri …più accessibili!

Sentieri che ti fanno

Andare avanti

E non fermarsi

Un continuo camminare

Cammino… cammino …

Per i sentieri della vita

Inciampando…

Ma lo stesso camminando

A volte vorrei fermarmi a riposare…

Ma il tempo non può aspettare

A volte vorrei correre…

Ma rischio di farmi male!

Arriverò alla fine del sentiero

Stanca …ma felice d' esser arrivata!

OLTRE I ROGHI

Roghi pieni di rami spinosi

Avvolgono la vita

Spine che non sai come togliere

Ti lasciano graffi…e segni

I graffi dentro il cuore

Facendolo sanguinare

Sangue che scorre attraverso i ricordi

E non lasciano spazio al presente

Vorresti che quei graffi si cicatrizzassero…

Eppure i segni nessuno li può cancellare.

Devo oltrepassare quei roghi…

Andare oltre le ferite e i segni

Faticoso sarà…

Ma ci riuscirò…

E allora saprò

Che oltre i roghi…

C'è un giardino di fiori profumati

Profumi che donano forza e speranza!

AMARE

Amare non è solo dire "TI AMO"…

Amare non è prendere senza dare…

Amare non è pretendere senza ascoltare…

Amare non è solo conquistare..

Amare non è voler cambiare l' altro…

Ma migliorare insieme!

Amare è volare su una nuvola

Cercando l' arcobaleno dei pensieri

Dei sentimenti…

E colorare ognuno la vita dell' altro…

Insieme in un'unica anima!

IL MONDO TOCCA IL FONDO

Parla di solidarietà

E non c'è generosità..

Parla d' amore

E non sa donare…

Parla di giustizia

e si usa la violenza…

Parla di rispetto

E s'ignora gli altri…!

Parla…parla il mondo…

Ma vive d' egoismo…

Di violenza…di morte…

Parla di solidarietà…

E non usa il cuore nell' operare!

I sentimenti sono schiacciati

Dall' egoismo…

Vengono soffocati dal menefreghismo…

Sta affondando il mondo…

Sempre più se non c'è amore

Portiamo a galla ogni vero sentimento

Salviamo quel dono speciale che è la vita!

E il mondo non andrà a fondo!

LACRIME

Lacrime d' amore
Toccano il cuore e scuotono l' anima!
Lacrime di dolore
  sofferenza di condivisione!
Lacrime di sofferenze
Di questa umanità
Per donare e attivare
Ciò che senti nel cuore!
Lacrime di tanta violenza
Esser vicino con tenerezza!
Lacrime di vergogna
E sensi di colpa
Perché hai usato solo egoismo!
Egoismo senza pudore
Poi ti chiedi dov è l' amore!
Piangi… le lacrime
Sono una purificazione
Al tuo cuore rendendolo sensibile all' amore!
Dona forza e coraggio
A chi a smesso di   credere nell' umanità!
Le lacrime rende
Ogni essere più sensibile
  e amorevole …
e iniziare a far del bene!

PRIMAVERA

Arrivi con lo sbocciar dei germogli e fiori

 Con il profumo di freschezza

Con il canto degli uccellini

Risvegliando la natura dormente!

Carichi d' energia ogni esser vivente

Prima dormiente ora impaziente!

Rifiorisci e germogli in ogni dono…

Fai germogliare nel cuore

In ognuno di noi

La voglia di vivere e amare!

NOSTALGIA

Nostalgia della vita
I ricordi ti porta via
Con le emozioni vissute
Nostalgia del tempo
Trascorso nei momenti felici
Ognuno ti prendeva per mano
Da amici
Momenti d' amore
Che t'hanno tolto il fiato
Alle carezze d' amore!
Nostalgici sono ora i miei giorni...
Quei momenti tanto gioiosi
E favolosi!
Si...ci sono momenti nella vita
 che vivi di nostalgia.
Quei momenti regalati
Ricordarli fugge qualche lacrima
Ma poi sorridi
Se non ci fosse la nostalgia
Non potremmo apprezzare
La vita che fugge via!

UN SUONO D' AMORE

Mamma …

Un dolcissimo suono d' amore.

Tocca il cuore e ti riempie d' amore!

Quell' amore tanto profondo e infinito

Con un abbraccio tocchi il paradiso!

Un paradiso pieno di sicurezza

Calore e amore!

Mamma…come scordare

Quel nome tanto speciale..?

Già nel grembo

Senti accettazione e amore!

Ti presenta al mondo

Tra dolore

E lacrime di gioia…

Come potrei dimenticare

Tanto soave e intenso amore?

Mai si può scordare

Una mamma che l' amore sa dare!

LA VITA E LA MORTE

Può esistere la vita senza la morte?

La vita è nascita

La morte rinascita!

Metamorfosi naturale

Da bruco a farfalla!

La nascita è gioia!

La morte spesso è dolore

Distacco da chi amiamo!

Entrambi doni…

La vita un cammino di conoscenza..

Di esperienze ,di crescita,

tutti dobbiamo percorrere!

La morte un traguardo…

Un resoconto della vita!

Attraverso il dolore

Purifichiamo il nostro cuore

Dove spazza via l' egoismo,

la superbia, la violenza

e distacco dalle materie!

Hai margini della morte

Sappiamo apprezzare il dono della vita

Conosciamo e in noi entra

Quel sentimento dimenticato…

L' amore!

Li' comprendiamo la nostra mortale vita!

La vita se vissuta con l' amore

La morte non ci farà paura…

Attraverso di essa …saremo liberi…

Liberi …avremo in dono

Le ali dell' amore!

MALVAGITA'

Malvagio è chi non crede
E che vuol solo avere
Ama il male
Che distrugge il bene!
Malvagità che distrugge
Ogni essere
Lo copre di disprezzo
Togliendo ogni dignità!
Malvagità parla
Senza rispetto
E nega ogni rispetto
Tratta come un oggetto!
Il malvagio crede solo in se stesso
Non crede al rispetto
Non crede all' amore
Crede d' essere immortale
Ma basta l' amore
E non riesce più
A continuare!

SE...FORSE...CHISSA'

Ad ogni nostro inciampare

E sbagliare...torniamo

Alla nostra vita passata...

Spesso ci chiediamo...

Se...avessi ...se fossi...

Forse...tutto sarebbe diverso...

Forse la vita non sarebbe stata complicata...!

Se... forse...chissà?

Chissà...inutile farsi mille domande...

La vita è spesso fatta di domande

Senza risposte...

Ma vissute...senza aver vissuto

Non potremmo mai correggerci!

Lasciamo i nostri se...

Forse...chissà...

Viviamo con saggezza

Se saremo saggi...

Non ci faremo mai

I dubbi ...di come

Abbiamo vissuto!

BONTA'

Bontà è docile dentro il cuore
Il cuore di chi ama e dona…
Bontà non è essere troppo generosi…
E nemmeno troppo buon cuorosi …
La bontà è non smettere mai
D' amare l' altro…
Il diverso. Il povero, il sofferente,
l'imperfetto…
ma dare il tuo sorriso, il tuo impegno
per far sorridere e vivere l' altro!
L' altro, è un essere come noi…
La bontà è l' impegno del cuore
D' agire senza capire se stesso..
Capire chi è infelice e non ha nulla!
Bontà un sentimento importante
Che non dura solo un istante
Dura per sempre!

FIUME IN PIENA

Spesso il sole

Calmo... calmo ...

Svanisce ...e

Una pioggia rabbiosa

Arriva...e non t' avvisa

Violenta è la pioggia...

Rumorosa e dispettosa

Arriva come un fiume in piena

Travolge...spazza via ogni cosa!

Quel fiume in piena

Che arriva nella vita

T' assale e non t' avvisa!

Assale il cuore

Lo travolge inaspettatamente

E ti porta vita ogni gioia

Che ti sei costruito pazientemente!

Le radici son forti

Son radicate dalle esperienze

E dalle cose fatte e dette!

Quel fiume...

Presto si calmerà

E il sole tornerà!

IPOCRISIA

Ipocrisia di una società
 piena di parole senza valore!
Dove si fa compassione
Ma non si dona amore!
Dove ci si scandalizza…
Ma c'è sporcizia!
Dove c'è violenza
E no si pratica la giustizia!
Dove le belle parole
Fanno rumore
E le azioni sono silenziose!
Ipocrisia dove molti
Copiano gli altri
Anche nei pensieri
E nelle azioni!
Si dice che la vita
È un dono…
Poi si uccide!
Ci si scandalizza della povertà
E si esclude il povero!
Si parla d onestà…
E ognuno fa il proprio interesse!
Un mondo pieno di ipocriti
Sempre pronti

A copiare gli altri…

Invece di mettere

La nostra vita

Seguendo il nostro cuore

E la nostra coscienza!

L'ipocrisia che se un altro

È pronto e fa qualcosa di grande

Si dice…io non ci riuscirei…!

Allontana l' ipocrisia

E vivi in sintonia dell' armonia

Del cuore…

E lascia che il mondo parli…

Vale più l' azione delle parole!

TOCCO DI MAGIA

Magia è la vita!

Basta un tocco…

Una mano che ti tiene

Un abbraccio che ti vuole

far sentir il bene

una parola detta con il cuore

e vedi la magia della vita

la magia del bene

e porta via ogni malinconia

quella malinconia

che ogni sorriso ti porta via!

Accogli la magia del bene…

E la tua vita avrai meno tristezza

E la solitudine allontana via!

CUORE

Cuore che batti
Alle emozioni della vita!
Cuore fatto di materia
Ma pure di emozioni e sentimenti…
Quei sentimenti
Che talvolta ti ritrovi con pentimenti!
L' organo più importante
Ti fa vivere ogni istante!
Ogni istante d' emozione
D' amore e dolore!
Non fermarti…
Continua a battere dentro noi…
Finche tu sarai li
Che batti…
Noi saremo in vita!
La vita fatta d' emozioni
Dolori , gioie e amori!
In ogni battito
C'è la forza della vita!

SPERANZA

Quando solo/a sarai…

E nessuno ti sarà accanto…

E sentirai solo freddo nel cuore…

Chiudi gli occhi

Immagina i giorni meravigliosi

Che hai vissuto…

E se ciò non è stato…

Osserva il cielo azzurro…

Nonostante le piogge, le tempeste,

le maree, i fulmini…

ecco che spunta di nuovo il sole

e accende ogni giorno buio

cosi' sarai il nostro cuore

non far sparire la speranza…

La speranza è una parte di noi

Essa ci fa andar avanti…

Ci da la forza per continuare la vita!

La speranza è la luce

Che ci conduce nei giorni peggiori

mostrandoti i giorni migliori!

Ricorda nel nostro cuore

Oltre l' amore , c'è la speranza!

UN MONDO MIGLIORE

Voglio un mondo diverso

Dove rispecchi l' amore

Dell' universo…

Dove la violenza si trasforma

E diventa gioia e saggezza!

Campi di battaglia

 Insanguinati d' orrori…

Cresca tanti fiori!

Fiori diversi…

Pieni di colore

E profumo d' amore!

Il cielo chiaro

E colorato come l' arcobaleno…

Il mare calmo

Riflesso di colori…

Nascano nei cuori luminosi e gioiosi!

Le stelle possano brillare

Di speranza

E non ci sia più la distanza…

L' odio diventi perdono…

Il rancore in sorriso e amore!

L' egoismo si trasformi

In dolore per ritrovare la luce d' amore!

Un mondo speciale

Dove la regola unica

È amare!

FOLLI PENSIERI

Folli sono i miei pensieri

In cerca di libertà

Liberi di volare e sognare!

Follie senza tempo

Non tenendo conto del cambiamento…

Pensieri dolci e pieni di sentimento

Cercando di gustare ogni momento…

Il momento che s' avverino…

S' avverano se ci credi con il cuore

E qualche volta rovinati dal pessimismo

Dove nessuno crede piu' ai sogni!

Che importa se son folle…

Vivo di sorrisi e follie

Di follie e magie!

Le magie del cuore

E i pensieri d' amore!

Pensieri che mi fanno sognare e amare!

UN VOLO TRA I GIRASOLI

Apro le mie ali

Volo in cerca di un prato fiorito

 pieno di colori e profumi

Ali stanche e doloranti

Mi faccio coraggio

Continuo il mio viaggio…

Un viaggio spesso faticoso

E doloroso…

A volte mi fermo…

Riposo, penso

E cerco di nuovo le forze

Continuando…arriverò…

Voglio fermarmi

Trovare un prato di girasoli

Posarmi su uno d' essi…

E guardare verso il sole

Osservare i raggi

Quei raggi entreranno dentro me

Mi daranno speranza

Rinforzeranno le mie ali

E da quel prato più via non andrò!

TRISTE LUNA

Osservo il cielo...

La notte è appena iniziata

E la luna sembra illuminata!

L' osservo meglio

Vedo un espressione cupa e triste...

Essa guarda sulla terra...

Triste luna...

Anche tu vedi la distruzione

 degli esseri umani e del pianeta!

Vorresti piangere...

E con le tue lacrime pulire

ogni male umano

e con il tuo chiarore

ridare la luce della speranza...

speranza persa da tempo!

Dare calore ad ogni cuore freddo...

E far sbocciare di nuovo l' amore!

Triste luna

Tu che brilli con le stelle

Dona sogni e speranze nuove

In questo mondo freddo e scolorito!

Il mondo bisognoso di trovare

E vivere di nuovo l' amore!

Pure la luna si rattrista

Osservando i nostri cuori

Pieni di rabbia , odio e rancori!

CROCE CHE GUARDA VERSO L' UMANITA'

Sulla cima della collina

Vedo una croce…

Dal cielo una luce misteriosa e abbagliante

Illumina …li'

Sulla croce!

Avvicino lo sguardo…

Osservo quel viso sofferente

E cadente…

I suoi occhi tristi guardano sul mondo

Che vagabondo…

Rimane indifferente e compiacente

Non riflette ma mente…

Non da valore all' amore

Al sacrificio di un amico speciale!

Ogni essere

Quando è triste dovrebbe

 pensare a quanta tristezza vede Gesù

osservando giù

quanto dolore si prende

per ognuno di noi!

Il suo cuore soffre…

Non tanto per il dolore fisico

Dato ingiustamente…

Ma per l' egoismo umano

Quando nei momenti della vita…

Ci sentiamo abbandonati…

EGLI è stato abbandonato e rinnegato

Ci sentiamo poveri e ammalati…

Nonostante il nostro egoismo…

Gesù …eccolo…è li'…

Trasforma il nostro cuore

Da dolore in amore…

Da pianto in sorriso…

Da buio in luce…

Da disperazione in abbraccio

Dolce e intenso!

Ecco… quell' uomo sulla croce

Ci parla con il cuore

E ci dona amore!

No…mai ci abbandona…

Ma ci accoglie ad ogni ora!

Quella croce è la Pasqua dell' amore!

GRAZIE…

Grazie dice il mio cuore…

Grazie quando non ho amici…

Solo allora do il valore all' amicizia!

Grazie quando sono preoccupata e triste…

E li' che m' accorgo che sono vincibile !

Grazie quando sto male al cuore e al corpo…

M' accorgo di aver bisogno di cure e amore!

Grazie quando non ho nulla…

E vedo tanta povertà…

M' accorgo che sono ricca!

Grazie alle persone che sono o sono state nella mia vita…

Ognuna di loro mi hanno donato

La saggezza e l' umiltà…

Grazie quando sono stata ferita nell' anima…

Perché ora la mia anima

È molto più luminosa e forte!

Grazie …grazie alla vita…

Perché se non avessi vissuto

Non saprei amare!

SOLITUDINE

Solitudine dove la gioia portata dal vento

Non riesce a trovare contento…

L ' azzurro del cielo…

Non t illumina il cuore

Il calore del sole

Non da calore

Come una pietra fredda…

Non può riscaldare l' umore!

Guardi il cielo pieno immenso

Ma i tuoi pensieri sono in un buio perso!

I colori dei fiori…

fai perdere i colori!

I profumi e gli odori…

Sono lontani dai tuoi pensieri!

Vorresti un sorriso ,un abbraccio

E un po' di calore

Ma non riesci a trovare l' umore!

La solitudine fa sparire

Ogni bellezza e ogni profumo

E lascia il posto alla tristezza e al rancore!

Non lasciare dal tuo cuore

Quel piccolo spazio d' amore

Ma rinnova e riscalda il cuore

SEMPLICITA'

Un semplice fiore

Attira attenzione…

Non per la bellezza o per il colore…

Ma per la semplicità!

Il sorriso di un bimbo

Che con semplicità

Non conosce malvagità!

Un abbraccio improvviso

Semplice e sincero

Allontana ogni brutto pensiero!

Uno sguardo intenso

Che cattura ciò che hai dentro!

Una mano tesa

Ti prende e si stringe alla tua!

Semplicità è il dono delle piccole cose

e gesti che a volte non t' aspetti!

ASPETTANDO IL CIELO

Silenziosa aspetto… attendo…

Con la speranza nel cuore…

Attendo il cambiamento…

Aspetto quei colori sbiaditi della vita

Che lentamente senza rumore

Che possa di nuovo risplendere la vita e l' amore!

Aspetto che un raggio di sole

Entrando dentro il cuore…

Possa riscaldare il sorriso

Di ogni creatura che m osserva…

Attendo l ' arcobaleno

Che porti di nuovo il sereno

In quel cielo offuscato di dolore!

Aspetto il brillare delle stelle…

Dove ognuno possa sognare cose belle!

Aspetto il cambiamento del mondo

Girando possa incontrare l' universo

E illuminare di gioia e pace!

Aspetto che il cielo possa cambiare ogni pensiero

Quel pensiero fatto d' amore e immensità!

TIENI LA MIA MANO

Prendi la mia mano…

Camminiamo nel sentiero della vita…

Tieni non lasciare

che lentamente s' allontani dalla mia

stringila se stai per cadere…

se avrai paura…

se ti sentirai sola/o…

la stringerà con la forza dell' amore!

Se prendi la mia mano…

Non cadrai…

Non ti perderai…

Non sarai mai sola/o

Ma io sarò accanto a te!

La mia mano terrà stretta la tua

E passerà ogni timore e paura!

ORGOGLIO

Pensare e convincersi d' aver ragione…

D' essere perfetto…

Di non aver bisogno di sentire ciò che gli altri han da dire…

Forse ascoltare…

Vuol dire rinnegare il proprio io!

Ognuno ha qualcosa da dire…

Qualcosa che vale le pena d' ascoltare!

L' orgoglio butta via ogni ascolto…

Ogni comprensione…

Lasciando gli altri nella desolazione!

Toglie dal cuore ogni rispetto e sentimento !

L' orgoglioso è colui che vuol sempre aver ragione

Senza cercare altre motivazioni!

Anche nel trambusto… alza sempre la voce

E non da sicurezza ne certezza …

ma solo tanta freddezza!

Freddezza a chi vicino s' appressa…

Perde ogni amicizia e sentimento…

Senza trovare pentimento!

L' orgoglioso crea intorno a se…

Infelicità…

Soprattutto la propia vera insoddisfazione!

CAMPO DI GIRASOLI

Corro tra i prati…

In cerca di bellezza e colori

Scorgo un suolo giallo…

Un giallo luminoso e curioso…

M' avvicino

E scopro un campo di girasoli…

Stupendi colori!

Mi fanno pensare al sole…

Quel campo vorrei curare

 e coltivare dentro il cuore!

Continuare a sperare

Vivere e sognare!

Quei girasoli

Hanno bisogno di volgere

Ogni giorno lo sguardo verso il sole!

Quel sole che dona luce e calore…

Dona la vita e l' energia d' amore!

CUORI PRIGIONIERI

Cuori imprigionati …

Non lasciano liberi i pensieri…

Le speranze!

Cuori imprigionati dall' orgoglio

Dalla superiorità ,dalla superbia

Prigionieri della società e del capitalismo!

Dalla paura dei pregiudizi!

Prigionieri sono i cuori

Che non sanno vivere i sogni…

I sentimenti…

Spesso imprigionati dal buio !

Liberate i vostri cuori ..

Lasciate brillare ogni pensiero…

Ogni desiderio...

Ogni sentimento…

Lasciatevi trasportare dal vento…

Solo cosi" i vostri cuori

 saranno liberi di volare!

Voleranno nello splendore dell' infinito

E finalmente nessuno

Potrà imprigionare più!

CUORI IRREQUIETI

Cuori sempre in subbuglio

In cerca d' un appiglio

Spesso trovano sbagli!

Attratti e abbagliati

Da ogni bagliore esteriore

Sulle strade piene d' errore!

Tutto ciò che abbaglia…

È l' illusione di ogni cuore irrequieto!

Ciò che si cerca

Sta dentro il nostro cuore…

Una luce di gran valore!

Non abbaglia…

Non illude…

Non è visibile…

Non crea confusione…

Ma dona quiete!

Quiete che appaga

La vita di sorrisi , pace e amore!

I COLORI DELL' ANIMA

Pensieri… desideri …sentimenti…

Parole del cuore…

Sono pieni di colori stupendi…

Colori irreali che ti mettono le ali…

Ali per esplorare e volare lontano!

Dove i pensieri

Diventano desideri!

I desideri sentimenti!

Sentimenti si trasformano in emozioni!

Le parole del cuore donano sorrisi e tanto amore!

Colori stupendi che esistono sono dentro noi!

colori portati dai sentimenti

nell' inconscio si uniscono alla nostra anima!

Un anima che si trasforma e vola!

MELODIA DI UN POETA

Poeta che scrivi ogni poema

con la penna del cuore…

colorando le parole

trasformandole in musica…

musica che arriva a cuore!

Doni emozione

Ogni parola è sensazione che provi…

Sensazioni di dolore ,gioia e amore!

Fai sentire questa dolce melodia a chi cuore non ha!

Melodia che fa piangere, gioire e amare!

Sentimenti prepotenti che ti tolgono il controllo!

Ma ti fanno sentire vivo…

Senza emozioni e sentimenti

La tua anima e il tuo cuore muore!

Tu poeta della emozioni

Al ritmo melodico…

Fai sentire vivo ogni uomo!

MAGIA E ARMONIA

L' universo è pieno di magia

Magia speciale senza eguale!

Magia di colori

E magici rumori!

Ascolti … con l' orecchio e con il cuore

Senti vibrare l' emozione dentro…

Un dolce lamento d' armonia…

Sembra ti parli e ti rapisca…

Armonia a volte dentro i silenzi…

A volte nei piccoli rumori armoniosi!

Chiudo gli occhi…

Apro gli orecchi…

Voglio lasciarmi rapire

Dai magici armoniosi rumori …

Il vento che sibila…

Il fruscio delle foglie…

I colori della natura…

Il cinguettio degli uccelletti…

Ecco sto già danzando

E volando nell' universo infinito!

MIRACOLI D' AMORE

L' amore è un miracolo luminoso

Tra sorrisi abbracci

E gli sguardi del cuore…

Il dono di dare

Di esserci …

Di allungare le tue mani

 e il tuo abbraccio

Dove disperazione

Povertà…

Persecuzione…

Violenza…

Schiavitù…

Fanno perdere il cuore nella disperazione

Ecco il miracolo…

Un angelo o più angeli

Son li' …

Che asciugano lacrime…

Ti donano una coperta…

Un po' di cibo…

Ma il miracolo più importante…

Donare speranza e luce all'istante!

I miracoli più belli…

Non sono i doni che ricevi…

Ma quando doni…

Ricevi più d' aver dato!

Il miracolo d' amore

Aumenta di valore!

STELLA CADENTE

Notte piena di stelle…

Una stella splendente…

Osserva me

Che cerco di contar le stelle

Osservo ammirata

Le più luminose e le più belle!

Ogni creatura

Con naso in su…

Cerca la luce della speranza!

Quando la stella cadente

È li' che scende davanti a te…

Ecco…

Un desiderio nasce dentro il cuore

Quel desiderio che ogni creatura

Cerca…

La scia della speranza!

La scia del cuore che ti fa uscire

Dal buio e della disperazione!

La stella cadente…

Inconsapevole ti dona

Una luce nuova

E ti dona forza per ogni nuova prova!

INDICE